# BEI GRIN MACHT SICH IHR WISSEN BEZAHLT

AF153745

- Wir veröffentlichen Ihre Hausarbeit,
  Bachelor- und Masterarbeit

- Ihr eigenes eBook und Buch -
  weltweit in allen wichtigen Shops

- Verdienen Sie an jedem Verkauf

## Jetzt bei www.GRIN.com hochladen und kostenlos publizieren

# Wissenschaftliches Arbeiten. Qualitative Inhaltsanalyse, Frageformulierung, Gütekriterien der qualitativen Forschung

Anabel Stracke

**Bibliografische Information der Deutschen Nationalbibliothek:**

Die Deutsche Nationalbibliothek verzeichnet diese Publikation in der Deutschen Nationalbibliografie; detaillierte bibliografische Daten sind im Internet über http://dnb.d-nb.de abrufbar.

ISBN: 9783346779595
Dieses Buch ist auch als E-Book erhältlich.

© GRIN Publishing GmbH
Nymphenburger Straße 86
80636 München

Druck und Bindung: Books on Demand GmbH, Norderstedt Germany
Gedruckt auf säurefreiem Papier aus verantwortungsvollen Quellen

Das vorliegende Werk wurde sorgfältig erarbeitet. Dennoch übernehmen Autoren und Verlag für die Richtigkeit von Angaben, Hinweisen, Links und Ratschlägen sowie eventuelle Druckfehler keine Haftung.

Das Buch bei GRIN: https://www.grin.com/document/1301551

# Inhalt

# Abkürzungsverzeichnis

| | | |
|---|---|---|
| bspw. | = | beispielsweise |
| ca. | = | circa |
| mind. | = | mindestens |
| o.ä. | = | oder ähnliches |
| sog. | = | sogenannte |
| z.B. | = | zum Beispiel |

# Tabellenverzeichnis

3

# 1. Qualitative Inhaltsanalyse
## 1.1 Definition der qualitativen Inhaltsanalyse

Die qualitative Inhaltsanalyse ist eine Auswertungsmethode, die Texte bearbeitet. Sie fallen im Rahmen der sozialwissenschaftlichen Forschungsprojekte in der Datenerhebung an. Dazu zählen z.b. offene Interviews, standardisierte Befragungen, Feldrecherchen, Dokumente o.ä. Das Verfahren der qualitative Inhaltsanalyse wird dann eingesetzt, wenn große Materialmengen bearbeitet werden müssen. Das Vorgehen ist streng regelgeleitet und somit intersubjektiv überprüfbar (Mayring & Fenzl, 2014, S.543; Mayring, 2020, S.495).

Die reine Inhaltsanalyse beschreibt die Testanalyse von manifesten Inhalten. In der qualitative Inhaltsanalyse hingegen geht es um das qualitativ-interpretierbare Umgehen mit Texten. Dabei wird nach Kategorien analysiert. Theoriegeleitete-deduktive Kategorien werden den einzelnen Textpassagen zugeordnet. Hier werden genaue Inhaltsanalytische Regeln festgelegt. Danach wird analysiert, ob die Kategorien auf weitere Textstellen zugeordnet werden können. Aufgrund dessen wird in der Literatur die qualitative Inhaltsanalyse auch als qualitativ orientierte kategoriengeleitete Textanalyse bezeichnet (Mayring & Fenzl, 2014, S.543-544).

Das Kategoriensystem ist das Hauptinstrument der qualitativen Inhaltsanalyse, wodurch das Material bearbeitet und nur auf die kategorienbezogenen Textstellen berücksichtigt werden. Sie stellen das Einteilungsschema und die Auswertungsaspekte dar. Die Kategorien stellen die Analyseaspekte als Kurzformulierungen dar und sind an das Ausgangsmaterial orientiert. Die Zuordnung der Textstellen in den Kategorien ist streng regelgeleitet und werden in der Inhaltsangabe genau definiert (Mayring & Fenzl, 2014, S.544-545; Mayring, 2020, S.495).

Die qualitative Inhaltsanalyse erfüllt verschiedene Grundprinzipien, die im Folgenden kurz aufgeführt werden sollen. Zum einen wird das Material in einem Kommunikationsmodell eingeordnet, indem festgestellt wird, auf welche Teile Aussagen getroffen werden sollen. Zum anderen ist die qualitative Inhaltsanalyse streng regelgeleitet. Sie folgt einem strengen Ablaufmodell, für den jeder einzelne Analyseschritt inhaltsanalytische Regeln festgelegt sind. Zudem werden vorab verschiedene Einheiten definiert. Die Analyseeinheit umfasst Elemente aus dem Untersuchungsmaterial, die in die Auswertung mit einfließen. Die Codiereinheit legt einen minimalen Testbestandteil fest, der ausgewertet werden darf und beschreibt somit die Textstelle, die mit einer bestimmten Kategorie in Verbindung steht. Die Kontexteinheit bestimmt, welche Informationen für die Codierung hinzugefügt werden darf. Zuletzt definiert die Auswertungseinheit bzw. Auswahleinheit das Material, welches zur Verfügung stehen und den Kategorien gegenübergestellt werden kann. Das Vorgehen der qualitativen Inhaltsanalyse ist eine regelgeleitete Zuordnung von induktiven oder deduktiven Kategorien zu konkreten Textstellen. Die Zuordnungsregeln werden in der Pilotphase an das Material angepasst und verfeinert (Mayring & Fenzl, 2014, S.545-546).

Die klassische Inhaltsanalyse durchläuft ein relatives starres Phasenmodell. In der Planungsphase wird die Forschungsfrage formuliert, Hypothesen auf Grundlage von bereits bestehenden Theorien entwickelt, die Stichprobe der Analyseeinheit gebildet, sowie die Grundgesamtheit und das Auswahlverfahren festgelegt. In der zweiten Phase findet die Entwicklung des Kategoriensystems statt. Dabei wird die Kategorie definiert und Codierregeln so festgelegt, dass eine zuverlässige Zuordnung von Kategorien zu Codiereinheiten stattfinden kann. In der Testphase findet die Probecodierung, der sog. Pretest statt. Hier wird die Intercoder-Reliabilität, um die Übereinstimmungen der Codierenden festzustellen. Ein Teil des Materials wird anhand des Katergoriensystems erprobt und verbessert. Das Ziel ist es, ausreichende Reliabilität zu erreichen. Danach findet in der Codierphase die eigentliche Codierung statt, indem das gesamte Material zufällig auf die Codierenden verteilt und vollständig codiert wird. In der Auswertungsphase werden die gewonnenen Daten mit statistischen Analyseverfahren ausgewertet (Kuckartz, 2018, S.44-45). In der qualitative Inhaltsanalyse sind Iterationsschritte und Feedback-Schritte eingebaut. Ein sequenzieller sowie zirkulärer Ablauf der klassischen Inhaltsanalyse kann hier stattfinden. Generell werden die Kategorien in der qualitativen Inhaltsanalyse während des Prozesses verfeinert, ausdifferenziert oder erweitert. Nach Kuckartz unterscheidet sich die qualitative Inhaltsanalyse in folgenden Punkten von der klassischen Inhaltsanalyse (Kuckartz, 2018, S.46-47):

- Die Forschungsfrage wird zwar zu Beginn gestellt, kann sich im Laufe der Analyse jedoch verändern.
- Die Formulierung der Hypothese ist nicht zwingend zu Beginn der Planungsphase notwendig.
- Die Analysephasen können parallel erfolgen und sind nicht strikt voneinander getrennt.
- Die Codierung ist stärker hermeneutisch-interpretativ orientiert.
- Das Ursprungsmaterial bleibt nach der Codierung von Interesse.
- Die Kategorien haben eine strukturierende und systematische Bedeutung.
- Die Analyse kann auf statistische Auswertungen verzichten.

## 1.2 Einsatzmöglichkeiten der qualitativen Inhaltsanalyse

Qualitative Inhaltsanalysen können an verschiedenen Materialien zum Einsatz kommen. Dazu gehören Transkripte von narrativen oder halb-strukturierten Interviews, Gruppendiskussionsprotokolle, offene Fragebögen, Beobachtungsprotokolle, Feldnotizen, Zeitungen oder Akten. Im Folgenden werden drei konkrete Anwendungsbeispiele erläutert, die aus aktuellen Studien in der Literatur zu entnehmen sind (Walbrühl, 2014, S.290-291).

In der Hochschullehre in Baden-Württemberg wurden E-Learning-Projekte in einem Projektverbund evaluiert. Gearbeitet wurde mit Forschungstagebüchern, die in Teilprojekten durch wöchentliche Einträge in einer offenen Form festgehalten worden sind. Die Einträge wurden durch induktive Kategorienbildung ausgewertet, schrittweise theoriegeleitet generalisiert und schließlich in vier Gruppen zusammengefasst. Mit den vier Hauptkategorien wurden dann quantitative Analysen vorgenommen (Mayring, 2014, S.503-504).

Ein Projekt zur Evaluation eines Drogenpräventationsprogramms beschreibt eine deduktive Kategorienanwendung. Sozialarbeiter*innen wurden dabei in einem halb-strukturierten offenen Interview zu den betreuten Personen befragt. Diese wurden in drei Kategorien eingestuft und häufigkeitsanalytisch ausgewertet (Mayring, 2014, S.503-504).

Ein drittes Beispiel ist die qualitative Inhaltsanalyse von vorgefundenen Online-Dokumenten. Dabei wurde der Frage nachgegangen, wie Jugendliche im Trauerprozess Social-Networking-Seiten nutzen. Dafür wurden öffentliche Online-Profile von Verstorben herausgesucht und auf den Online-Profilen der Verstorbenen nach deren Tod von Freunden und Bekannten hinterlassen Postings ausgewertet. Die Bewältigungsformen von Trauer wurden durch Codes paraphrasiert und in neun übergeordnete Kategorien verknüpft und für die Verbreitung Häufigkeiten angegeben. Man konnte entnehmen, dass in allen Nachrichten die verstorbene Person direkt angesprochen wurde und ca. 45% aller Postings emotionale und kognitive Bewältigungsstrategien enthielten (Döring & Bortz, 2016, S.542).

## 1.3 Die inhaltlich strukturierende qualitative Inhaltsanalyse

In der inhaltlich strukturierenden qualitativen Inhaltsanalyse wird ein definiertes Kategoriensystem an den Text angelegt und somit numerisches Datenmaterial gewonnen. Die Erkenntnisse der deduktiven und induktiven Kategorien werden als Mischform genutzt und in einem mehrstufigen Verfahren der Kategorienbildung angewendet. Im Folgenden wird der Ablauf einer inhaltlich strukturierenden qualitativen Inhaltsanalyse erläutert.

Die erste Phase besteht aus der initiierenden Textarbeit, dem Schreiben von Memos und einer ersten Fallzusammenfassung. Durch die initiierende Textarbeit wird sich intensiv mit den Inhalten und dem sprachlichen Material eines Textes befasst. Ziel ist es, den Text sequenziell und vollständig durchzulesen und somit ein erstes Gesamtverständnis des Textes zu erhalten. Dabei ist es wichtig, mit den Forschungsfragen an den Text heranzugehen, zentrale Textstellen zu markieren, die formale Struktur zu betrachten und wichtige Abschnitte zu kennzeichnen. Anmerkungen und Bemerkungen lassen sich anhand von Memos „am Rand" notieren. Darunter versteht man das Festhalten von Gedanken, Ideen, Vermutungen und Hypothesen während des Analyseprozesses. Dabei kann es sich um kurze Notizen oder reflektierende Vermerke handeln. Nach dem ersten Lesen empfiehlt es sich eine erste systematisch ordnende Fallzusammenfassung zu schreiben. Diese sollte gezielt aus der Perspektive der Forschungsfrage geschrieben sein (Kuckartz, 2018, S.56-58).

Mittels Kategorien und Subkategorien wird in der zweiten Phase eine inhaltliche Strukturierung der Daten erzeugt und bestimmte Themen als Auswertungskategorien verwendet. Hauptthemen werden zwar meistens direkt aus der Forschungsfrage abgeleitet, jedoch kann auch durch weiteres intensives Bearbeiten des Textes andere Themen in der Vordergrund geschoben werden. Bei der Textarbeit bietet sich das offene Kodieren an, indem man neue Themen direkt neben den Text notiert. Den Umfang des Testmaterials hängt vom gesamten Material und des Kategoriensystems ab. Je mehr Kategorien, desto umfangreicher und vielsichtiger sind die Daten und desto mehr Material wird benötigt (Kuckartz, 2018, S.101-102).

In der dritten Phase wird im ersten Codierprozess der Text Zeile für Zeile durchgegangen und jeder Textabschnitt den Kategorien zugeordnet. Irrelevante Textpassagen bleiben dabei uncodiert. Innerhalb einer Textstelle können mehrere Themen enthalten sein, weshalb eine Textstelle auch mehreren Kategorien zugeordnet werden kann. Im ersten Codierungsprozess sollte das Kategoriensystem eine enge Verbindung zu den Fragestellungen und Zielen des Projektes aufweisen. Zudem sollte es nicht zu umfangreich und eine möglichst genaue Beschreibung der Kategorien aufweisen. Um die Textstellen den Kategorien zuzuordnen werden einfache Codierregeln aufgestellt (Kuckartz, 2018, S.102-104):

1. Es wird in der Regel in Sinneinheiten codiert, die mind. einen vollständigen Satz enthalten.

2. Sinneinheiten mit mehreren Sätzen oder Absätzen werden codiert.

3. Zum Verständnis erforderliche einleitende Interview-Frage werden ebenfalls mitcodiert.

4. Es gilt, ein gutes Maß zu finden, wie viel Text um die relevante Information herum codiert wird.

Alle mit der gleichen Hauptkategorie codierten Textstellen werden in der vierten Phase systematisch zusammengestellt und schließt damit direkt an die fünfte Phase an, indem ein induktives Bestimmen von Subkategorien am Material stattfindet. Nach dem ersten Codierungsprozess findet eine Ausdifferenzierung und Bestimmung von Subkategorien statt. Dabei wird zunächst eine Auswahl der zu differenzierenden Kategorie getroffen und alle mit dieser Kategorie codierten Textstelle in einer Liste oder Tabelle zusammengestellt. Danach werden Subkategorien gebildet und in einer ungeordneten Liste zusammengestellt. Danach wird die Liste systematisch nach der relevanten Dimension geordnet und die Subkategorien definiert (Kuckartz, 2018, S.106). Die sechste Phase beginnt mit dem zweiten Codierprozess. Die ausdifferenzierten Kategorien werden den mit der Hauptkategorie codierten Textstelle zugeordnet. Dabei sollte hinreichend Material für die Ausdifferenzierung der Hauptkategorien herangezogen werden. Eventuell ist hier eine Präzisierung und Erweiterung erforderlich (Kuckartz, 2018, S.105).

Vor der letzten Phase lohnt es sich einen Zwischenschritt einzuschieben, indem man für das in den vorhergehenden Phasen strukturierte Material eine thematische Zusammenfassung erstellt. Sie dient der Erleichterung der späteren Auswertung und ist bei relativ umfangreichem Material hilfreich. Durch die systematische thematische Zusammenfassung entsteht eine Themenmatrix. Das Material wird dabei komprimiert und für die Forschungsfrage auf das Relevante reduziert (Kuckartz, 2018, S.105). In der letzten Phase findet die eigentliche Analyse statt, in der durch kategorienbasierte Auswertungen die Ergebnispräsentation vorbereitet und dargestellt wird. Dabei werden verschiedene Auswertungsprozesse unterschieden. Die kategorienbasierte Auswertung kann entlang der Hauptkategorie erfolgen, durch die Analyse der Zusammenhänge zwischen den Subkategorien einer Hauptkategorie, einer Analyse der Zusammenhänge zwischen Kategorien, durch qualitative und quantifizierende Kreuztabellen, durch Konfigurationen von Kategorien oder durch Visualisierung von Zusammenhängen (Kuckartz, 2018, S.111-120).

**1.4 Die evaluative qualitative Inhaltsanalyse**

Die evaluative qualitative Inhaltsanalyse ist ein zweites Verfahren und wird in der empirischen Forschung praktiziert. Hier stehen die Einschätzung, Klassifizierung und Bewertung von Inhalten durch den Forschenden im Mittelpunkt. Dabei wird das Material fallbezogen anhand gebildeter Kategorien eingeschätzt und durch Ordinalskalen, Nominalskalen oder metrische Skalen angewendet. Formal betrachtet hat die evaluative qualitative Inhaltsanalyse die gleichen Hauptphasen wie eine inhaltlich strukturierende Inhaltsanalyse. Unterscheiden tut sich bei dieser Inhaltsanalyse jedoch die Art der Kategorienbildung. Im Folgenden wird der Ablauf einer evaluativen qualitative Inhaltsanalyse erläutert (Döring & Bortz, 2016, S.542; Kuckartz, 2018, S.123-124).

In der Anfangsphase wird die Bestimmung der Kategorie hinterfragt. Dabei soll ein strenger Zusammenhang der Kategorie mit der Forschungsfrage gegeben sein. Eine bewertende Kategorie kann sich aber auch während des Auswertungsprozesses ergeben und somit eine Neuentdeckung darstellen. Die Bildung und Codierung einer Kategorie sollte jedoch genau überlegt sein. Es muss sichergestellt werden, dass das Material durch alle Forschungsteilnehmer einzuschätzen ist (Kuckartz, 2018, S.126). In der zweiten Phase wird das gesamte Material durchgearbeitet, um für die Bewertungskategorien relevanten Textstellen eine Identifizierung und Codierung vorzunehmen. Dabei wird jede Textstelle codiert, die Informationen zur relevanten Kategorie enthält. Die codierten Segmente werden in der dritten Phase für jede Bewertungskategorie fallbezogen zusammengestellt. Hier wird eine kategorienbasierte Auswertung vorgenommen. Dabei werden alle Textstellen, die mit der betreffenden Kategorie codiert worden ist in eine Liste zusammengestellt (Kuckartz, 2018, S.127). Mit der vierten Phase beginnt die analytische Hauptarbeit. Es wird eine hinreichende Anzahl der codierten Textstelle gelesen und entschieden, welche Differenziertheit getroffen wird. Dabei wird die Ausprägung der Kategorie in eine hohe, geringe oder nicht zu klassifizierende Ausprägung unterschieden. Die dritte Ausprägung ist notwendig, da das codierte Material nicht immer eindeutig zugeordnet werden kann. Das Ziel ist es, am Ende den gesamten Text zu bewerten (Kuckartz, 2018, S.127-128). In der fünften Phase wird das gesamte Material codiert und kategorienbezogen eingeschätzt. Dabei wird jeder Befragte hinsichtlich der Forschungsfrage eingeschätzt und im Datensatz einer entsprechenden Zuordnung festgehalten und in Zweifelsfällen notiert. Im Fokus steht in dieser Phase, gute Beispiele zu markieren, Ausprägungen zu präzisieren und Zitate zu illustrieren. Zweifelsfälle gilt es zu diskutieren und darüber Entscheidungen zu treffen. Die Auswertung des codierten Materials beginnt in der sechsten Phase mit einer einfachen Auswertung der Kategorien. Zunächst wird der Auswertungsprozess dokumentiert, indem die gebildeten Kategorien, der Theoriebezug und der Prozess der Kategorienbildung beschrieben wird. Dies kann entweder über eine statistische Auswertung der einzelnen Kategorien oder eine verbal-interpretative Auswertung einzelner Kategorien dargestellt werden (Kuckartz, 2018, S.134-136). In der letzten Phase folgen verschiedene Formen von komplexen Auswertungen. Zu den qualitativen Verfahren gehören Übersichtstabellen und vertiefende Fallinterpretationen. Eine weitere Auswertungsform ist die Untersuchung des Zusammenhangs zwischen den thematischen Kategorien. Unter quantitativen Analyse versteht man statistische Zusammenhänge zwischen bewertenden Kategorien, sog. Kreuztabellen und statistische Zusammenhänge mit sozio-demographischen Merkmalen (Kuckartz, 2018, S.136- 139).

**1.5 Unterschiede beider Analysemethoden**

Die evaluative qualitative Inhaltsanalyse weist im Vergleich zur inhaltlich strukturierenden Inhaltsanalyse eine stärkere hermeneutisch-interpretative Ausrichtung auf. Sie ist eher ganzheitlich orientiert, wodurch der gesamte Text bewertet wird. Während es bei der inhaltlich strukturierenden Inhaltsanalyse um die Identifizierung von Themen, Subthemen, deren Systematisierung und Analysen der wechselseitigen Relationen geht, steht hier die Einschätzung, Klassifizierung und Bewertung von Inhalten im Vordergrund. Formal beinhalten beide Analysen die gleichen Hauptphasen, jedoch unterscheidet sich hier die Art der Kategorienbildung und somit auch die Phasen von der Codierung bis zur Ergebnisdarstellung (Kuckartz, 2014, S.124-125). Obwohl bei der evaluativen qualitativen Inhaltsanalyse eine kleinteilige Codierung möglich ist, indem einzelne Segmente der bewertenden Kategorie codiert werden, erfolgt später eine Gesamtbewertung. Die vorzunehmenden Klassifizierungen und Bewertungen stellen hier eine höhere Anforderung an die Codierenden. Diese müssen inhaltlich verstehen und nachvollziehen können, was sie tun. Deshalb ist es sinnvoll, mit zwei unabhängigen Codierenden zu arbeiten. Ebenfalls sind die Kategorien hier eher großflächig angelegt, was für eine theorienorientierte Arbeit spricht. Sie ist zudem eine explorierende und Theorie entdeckende Methode, mit qualitativer Forschung (Ornau, 2014, S.59).

## 2. Frageformulierung
### 2.1 Formulierung von konkreten Fragen

Bei der Fragebogenkonstruktion und den Formulierungen von Fragen handelt es sich um ein gar nicht mal so einfaches Konstrukt. Payne legte 1951 erstmals eine systematische Darstellung von Regeln dar, die bei der Formulierung von Fragen hilfreich seien können. Wie Befragungspersonen die Aufgaben bewältigen, hängt von der Qualität der gestellten Frage und der Fragenformulierung ab. Dabei ist es besonders wichtig ein semantisches sowie pragmatisches Verständnis der Frage zu besitzen. Ist für die Befragungsperson die Frageformulierung semantisch und pragmatisch einleuchtend und nachvollziehbar, so wird diese als gut gesehen. Sollten semantische Verständnisprobleme auftreten, sind zu viele unbekannte Begriffe, unklar formulierte Sätze, schwer formulierte Fragen oder mehrdeutige Begriffe vorhanden. Außerdem können Begriffe verwendet worden sein, die eine individuelle Interpretation ermöglichen oder aber unterschiedlich verstanden werden (Mey & Mruck, 2018, S.325-326; Porst, 2014, S.688-689).

Um genau solche Probleme zu vermeiden, sollten bestimmte Regeln und Punkte bei der Formulierung von Fragen beachtet werden. Nach Porst lassen sich „10 Gebote der Frageformulierung" definieren.

Zunächst sollen einfache, unzweideutige Begriffe verwendet werden, die von allen Befragten gleichermaßen verstanden werden (1). Dies ist von zentraler Bedeutung für die Durchführung standardisierter Befragungen. Dabei hängt die einfache und unzweideutige Formulierung jedoch von der befragenden Person ab, die unbedingt an das Sprachwissen der Zielperson angepasst sein sollte. Lange und komplexe Fragen sollten unbedingt vermieden werden (2). Sie bergen das Risiko, schnell unverständlich zu werden und die befragte Person zu verwirren. Dabei wird der Unterschied zwischen langen und komplexen Fragen und kurzen und einfachen Fragen schnell deutlich. Hypothetische Fragen sollten vermieden werden (3). Dabei wird die befragte Person in eine Situation versetzt, in der sie tatsächlich gar nicht ist. Je nachdem wie die Person mit hypothetischen Situationen umgehen kann, gelingt es ihr diese Frage zu beantworten oder nicht. Doppelte Stimuli und Verneinungen sollten vermieden werden (4). Dabei entsteht die Gefahr, die Frage nicht eindeutig oder unwissentlich falsch zu beantworten. Des Weiteren sollte auf Unterstellungen und suggestive Fragen verzichtet werden (5). Diese führen dazu, dass die befragte Person die Frage nicht vernünftig beantworten kann, da einer der Satzteile eine Unterstellung enthält. Zudem haben sie den Nachteil, dass die

11

Freiheitsspielräume beeinträchtigt werden und eine Bedrängung erzeugen. Fragen, die auf Informationen abzielt, über die die befragte Person mutmaßlich nicht verfügt, sollte vermieden werden (6). Auch hier ist die Umsetzung stark von der Zielgruppe abhängig. Besonders Wissensfragen sind auf den Wissensstand der befragten Person anzupassen. Fragen mit eindeutigem zeitlichen Bezug sollte verwendet werden (7). Dies hängt von der Bedeutung des erfragten Verhaltens ab und wie weit der Fragende in die Vergangenheit blicken möchte. Dabei muss der Zeitraum genau und eindeutig definiert werden. Des Weiteren sollten Antwortkategorien verwendet werden, die erschöpfend und überschneidungsfrei sind (8). Jede Person muss sich davon zweifelsfrei einer einzigen zuordnen können. Es muss sichergestellt werden, dass der Kontext einer Frage sich nicht auf die Beantwortung auswirkt (9). Erst ein Pretest oder die Daten der Befragung geben Auskunft darüber, ob Mechanismen im Fragebogen eingebaut sind, die Kontexteffekte hervorrufen. Zuletzt müssen unklare Begriffe definiert werden (10). Es ist unabdingbar, dass die befragte Person, unklare Begriffe verstehen muss. Unklar ist jedoch, ob alle Befragungspersonen die Begriffe in gleicher Art und Weise verstehen (Porst, 2014, S.689-697; Raab, Unger & Unger, 2018, S.108-110; Reinhardt, Ornau & Tennert, 2020, S.32).

Zusammenfassend ist es für alle Regeln wichtig, den Blickwinkel immer auf denjenigen zu richten, der die Frage beantworten muss. Die Frageformulierung muss dem Sprachwissen, der Sprachfähigkeit und dem Sprachgebrauch der Zielperson angepasst sein. Jedoch sind diese Regeln nur von beschränktem Nutzen. Sie eigenen sich als allgemeine Hinweise zur Formulierung von Fragen, die eine grobe Richtung vorgeben. Es sind jedoch keine festen Vorgaben, die bei der Frageformulierung angewendet werden müssen (Porst, 2014, S.697-698; Raab et al., 2018, S.110).

## 2.2 Beispiele für positive und negative Fragen

In Tabelle 1 werden zu den bereits genannten Regeln zur Formulierung von Fragen jeweils positive und negative Beispiele genannt. Diese dienen als Verdeutlichung der Formulierung von konkreten Fragen (Porst, 2016, S.689-697; Raab et al., 2018, S.108-110)

| Regel | Negatives Beispiel | Positives Beispiel |
|---|---|---|
| 1 | „Wie wird sich die Konjunktur in Deutschland bis Ende des Jahres 2022 entwickeln?" | „Wie wird sich die wirtschaftliche Lage in Deutschland bis Ende des Jahres 2022 entwickeln?" |
| 2 | „Das politische Engagement von manchem Menschen ist sehr hoch, andere hingegen zeigen wenig Interesse an politischen Themen oder haben die Zeit nicht dafür, sich aktiv damit zu beschäftigen. Auf einer Skala von oft, manchmal, selten oder nie, sagen Sie mir wie oft Sie persönlich etwas tun oder nicht. Nun kommen wir zur ersten Frage: wie oft führen Sie eine politische Diskussion mit anderen?" | „Wie häufig führen Sie aktiv eine politische Diskussion mit anderen Menschen? Oft, manchmal, selten oder nie?" |
| 3 | „Wenn Sie heute im Lotto gewinnen würden, würden Sie morgen noch zu Arbeit gehen?" | |
| 4 | „Machen Sie gerne in Spanien und Italien Urlaub?" | „Fahren Sie gerne in den Süden in den Urlaub?" |
| 5 | „Wie Ihre Kollegen möchten Sie doch sicher, dass das Projekt so schnell wie möglich abgeschlossen wird?" | „Halten Sie es für gut, dass das Projekt so schnell wie möglich abgeschlossen wird?" |
| 6 | „Wurden in Ihrem Bezirk bereits Maßnahmen zur Umsetzung der lokalen Agende 21 getroffen?" | Vorgehende Erklärung der lokalen Agenda 21. |
| 7 | „Haben Sie in den letzten Wochen irgendwann einmal etwas bestellt?" | „Haben Sie im letzten Monat, also im April 2022 irgendwann einmal etwas bestellt?" |

| 8 | „Wie oft waren Sie im letzten Jahr im Kino? Keinmal, einmal, zwei bis fünfmal oder mehr als Fünf mal?" | „Wie oft waren Sie im letzten Jahr im Kino? Keinmal, einmal, zwei bis viermal oder mehr als Fünf mal?" |
| 10 | „Sollte eine vierteljährliche SWOT-Analyse Pflicht für DAX-Unternehmen sein?" | Vorgehende Erklärung von SWOT und DAX darstellen. |

Tab.1 Negative und positive Beispiele von Frageformulierungen
(Quelle: Eigene Darstellung in Anlehnung an Porst, 2016, S.689-697)

## 3. Gütekriterien
### 3.1 Notwendigkeit und Relevanz von Gütekriterien

Im Kontext der qualitativen Forschungen lassen sich verschiedene Gütekriterien unterscheiden. Sie werden angewendet, um gute von schlechten qualitativen Inhaltsanalysen zu unterscheiden, eine korrekte Dokumentation des Forschungsberichtes durchzuführen, um Qualitätsstandards zu formulieren und entsprechend einen Forschungsbericht zu gestalten. In der quantitativen Forschung existieren seit langem zentrale Gütekriterien, die konsensfähig und detailliert ausformuliert sind. Im Rahmen der qualitativen Forschung hingegen weisen die klassischen Kriterien wenig Gemeinsamkeiten mit ihr auf. Demnach haben sich durch Diskussionen und Debatten drei verschiedene Positionen gebildet. Die erste Partei steht für gleiche Kriterien in der qualitativen und quantitativen Forschung, also der Universalität von Gütekriterien. Hinsichtlich der methodischer Strenge wird sich meistens an den Gütekriterien der quantitativen Forschung orientiert. Die zweite Partei fordert eine Spezifität von Gütekriterien in der qualitativen Forschung. Es wird darauf abgezielt eigene Gütekriterien zu entwickeln. Die dritte Partei hingegen lehnt Gütekriterien für die qualitative Forschung durchweg ab (Kuckartz, 2018, S.201-202). Es herrscht jedoch eine weitegehende Übereinstimmung, dass es notwendig ist eine Grundlage von Bewertungskriterien zu schaffen, um Forschungsergebnisse intersubjektiv nachzuvollziehen und bewerten zu können. Die mit Abstand häufigsten zitierten Kriterien sind die von Lincoln und Guba (1985). Demnach muss gute qualitative Forschung Verlässlichkeit, Nachvollziehbarkeit/Bestätigbarkeit, Glaubwürdigkeit und Übertragbarkeit aufweisen (Döring & Bortz, 2016, S.107-109).

### 3.2 Gütekriterien qualitativer Forschung

Im Folgenden werden vier relevante Gütekriterien der qualitativen Forschung ausführlich dargestellt und in Bezug auf die Methode der Inhaltsanalyse als ein mögliches Auswertungstool für qualitative Interviewdaten diskutiert.

### 3.2.1 Verlässlichkeit

Die Verlässlichkeit entspricht dem Gütekriterium Reliabilität der quantitativen Forschung. In Kontext der quantitativen Forschung gibt die Reliabilität an, inwieweit Messmethoden und -ergebnisse wiederholbar sind und drückt gleichzeitig die Stabilität von Daten und Ergebnissen bei mehreren Erhebungen aus. Hier zeigt sich, dass das Kriterium für die qualitative Forschung eher ungeeignet ist. Eine identische Wiederholung einer Erzählung bei wiederholten narrativen Interviews weisen weniger eine Verlässlichkeit des Erzählers, sondern vielmehr eine zurechtgelegte Version der Geschichte auf (Flick, 2020, S.412). Daher ersetzen Lincoln und Guba das Gütekriterium Reliabilität durch das Konzept der Verlässlichkeit, wodurch der Grad der Verlässlichkeit mit Hilfe von Audits festgestellt werden kann. Die Verlässlichkeit wird durch exakte und einheitliche Vorgaben, wie z.b. einheitliche Transkriptionsregeln, dargestellt. Dadurch soll deutlich werden, welcher Teil der Arbeit zu interpretieren ist und welche Aussagen dem Befragten zugeordnet werden. Das Kriterium der Verlässlichkeit kann aber auch in einem exakt niedergeschriebenen Codierbuch angewendet werden. Dies ist ein vollständiges Kategoriensystem, indem jeder Schritt nachvollziehbar dokumentiert wird (Steffen & Doppler, 2019, S.72; Ornau, 2014, S.74).

In der qualitativen Analyse bezieht sich die Verlässlichkeit also auf die Klassifizierung des Interviews zu den Auswertungskategorien. Dabei hängt diese von der Exaktheit des Codierleitfadens und ihrer korrekten Anwendung ab. Nur so lassen sich die Interviewdaten als Verlässlich darstellen und bewerten.

### 3.2.2 Nachvollziehbarkeit und Bestätigbarkeit

Die Nachvollziehbarkeit stellt für Lincoln und Guba eine Alternative zur Objektivität dar. Im Kontext der quantitativen Forschung gibt die Objektivität an, wie objektiv ein Verfahren durchgeführt wurde, d.h. inwieweit ein Messwert unabhängig von der Person ist, die eine Messung durchführt. In der qualitativen Forschung wird die Objektivität zur Charakterisierung von bestimmten Analyseverfahren verwendet (Flick, 2014, S.412). Die Bestätigbarkeit beschreibt den Grad, in dem das Ergebnis vom Befragten selbst bestimmt wird und nicht von den Vorurteilen, Motivationen und Interessen des Forschenden. Die Nachvollziehbarkeit fokussiert sich auf die Ergebnisse der qualitativen Forschung und nicht auf den Forschenden selbst. Können Daten auf ihre Quelle zurückverfolgt und die Argumente als plausibel eingeordnet werden, so sind die Ergebnisse nachvollziehbar. Mithilfe von Nachvollziehbarkeitsaudits wird der Grad der Nachvollziehbarkeit bestimmt. Nach Miles und Hubermann können folgende nützlichen Fragen bei der Nachvollziehbarkeit einer qualitativen Untersuchung gestellt werden (Steffen & Doppler, 2019, S.26; Ornau, 2014, S.75):

- Werden die allgemeinen Methoden und Verfahren der Studie explizit und detailliert beschrieben?

- Kann die tatsächliche Reihenfolge, wie Daten gesammelt, verarbeitet, transformiert und die spezifische Schlussfolgerung nachvollzogen werden?

- Sind die Schlussfolgerungen explizit auf die erhobenen Daten zurückzuführen?

- Gibt es eine Aufzeichnung der Methoden und Verfahren der Studie?

- Wurden konkurrierende Hypothesen und rivalisierende Schlussfolgerungen berücksichtigt? Wenn ja, an welchem Punkt der Studie? Scheinen die anderen Hypothesen ebenfalls plausibel zu sein?

- Werden die Daten aufbewahrt und stehen sie für eine erneute Analyse zur Verfügung?

Die Auswertung der qualitativen Interviewdaten kann nur dann nachvollzogen werden, wenn die Daten auf den Interviewten zurückzuführen sind und die zur Erkenntnis führenden Argumente plausible sind. Jedoch sollen sich die Forschende gegenüber den Interviewten nicht immer genau gleich verhalten. Dabei sollte der Forschende die äußerliche Situation mit einbeziehen und sich personenspezifisch verhalten, um eine vertraute Atmosphäre zu schaffen. Nur wenn das Interview sorgfältig festgehalten und nachvollziehbar beschrieben wurde und die Antworten begründet wurden, kann eine Auswertung für qualitative Interviewdaten objektiv bzw. nachvollziehbar und bestätigbar eingeschätzt werden.

### 3.2.3 Interne Studiengüte

Die interne Studiengüte hat in der qualitativen Forschung eine besondere Bedeutung. Sie ähnelt der internen Validität der quantitativen Forschung und ist eine notwendige Vorbedingung für die externe Studiengüte. Sie beinhaltet neben der Verlässlichkeit und der intersubjektiven Nachvollziehbarkeit noch Glaubwürdigkeit, Verlässlichkeit, Regelgeleitetheit und Auditierbarkeit. Ebenfalls wird der Frage nachgegangen, ob es dem Interview gelungen ist, eine bestimmte Tiefe und Authentizität zu erreichen sowie der Frage nach Konsistenz der Antworten und Glaubwürdigkeit des Befragten. Die interne Studiengüte hat das Ziel, die Glaubwürdigkeit der Befragung darzulegen. Kuckartz entwickelte eine Checkliste, um die wesentlichen Punkte zur Beurteilung der internen Studiengüte zu beurteilen. Folgende Punkte sind in Bezug auf die Datenerfassung und Transkription wichtig (Kuckartz, 2016, S.204):

- Sind die Daten fixiert worden z.B. in Form von Audio- oder Videoaufnahmen?
- Wurde eine interviewbegleitende Dokumentation erstellt, indem Besonderheiten festgehalten wurden?
- Wann wurde die interviewbegleitende Dokumentation erstellt?
- Wurde das Interview vollständig transkribiert?
- Welche Transkriptionsregeln wurden benutzt und werden diese offengelegt und eingehalten?
- Hat der Forschende selbst transkribiert?
- Wie sah der konkrete Transkriptionsprozess aus?

Um die qualitative Inhaltanalyse im engeren Sinne durchzuführen sind folgende Punkte relevant (Kuckartz, 2016, S.204-205):

- Ist die gewählte Methode für die Fragestellung angemessen?
- Wie wird die Wahl der Methode begründet?
- Ist das jeweilige Verfahren richtig angewendet worden?
- Wurde eine computergestützte Inhaltsanalyse durchgeführt?
- Ist eine Konsistenz des Kategoriensystems gegeben?
- Wie sind die Kategorien und Subkategorien ausgearbeitet?
- Sind die Kategoriendefinitionen präzise und ausführlich?
- Wurden alle erhobenen Daten berücksichtig?
- Wie oft wurde das Material bis zu endgültigen Codierung durchlaufen?
- Ist die Auditierbarkeit der Codierung gegeben?
- Sind die aus den Daten gezogenen Schlussfolgerungen begründet?
- Wie und was wurde in welcher Form dokumentiert?

In Bezug auf die qualitative Inhaltsanalyse sind die Daten eines Interviews in Kriterien der internen Studiengüte zu formulieren. Dabei ist es wichtig, bestimmte Kriterien zu beachten, um eine korrekte Datenerfassung, Transkription und Durchführung zu gewährleisten. Erst durch die interne Studiengüte wird bei der inhaltsanalytischen Auswertung deutlich, ob ein Interview gelungen ist, und eine bestimmte Authentizität und Tiefe erreicht wurde. Außerdem lässt sich erkennen, ob die Interviewführung angemessen geführt worden und nach den methodischen Regeln abgelaufen ist. Die Antworten des Interviewten müssen konsistent und glaubwürdig dargelegt worden sein.

### 3.2.4 Externe Gütekriterien

Die Interne Studiengüte garantiert jedoch nicht die Verallgemeinerbarkeit und Übertragbarkeit der Ergebnisse. Um sicherzustellen, dass die Resultate auch über die eigene Studie hinaus Bedeutung haben und nicht nur situationsbedingt Gültigkeit besitzen, müssen sich die Ergebnisse verallgemeinern lassen. Kernziele der qualitativen Forschung ist es, eine Verallgemeinerung und Übertragbarkeit der Ergebnisse zu schaffen. Die Verallgemeinerung wird in der quantitativen Forschung durch eine Zufallsauswahl oder Quotenauswahl einer großen Anzahl von Probanden sichergestellt. Da die qualitative Forschung jedoch normalerweise auf relativ kleine Stichproben zurückgreift, ist es schwer den Weg der Verallgemeinerung nachvollziehen zu können. Um die Übertragbarkeit sicherzustellen, bedarf es eine genaue Reflektion der Fragestellung. Um die Verallgemeinerbarkeit zu beurteilen, stellt Kuckartz verschiedene Vorgehensweisen vor (Kuckartz, 2016, S.217-218).

Das *peer debriefing* stellt die Diskussion mit Experten dar, indem regelmäßige Treffen und Austäusche mit Personen außerhalb des Forschungsprojektes stattfinden. Die Experten nehmen zu den ersten Ergebnissen der Forschung Stellung und lenken die Aufmerksamkeit auf Tatbestände, die leicht zu übersehen zu scheinen. Das member checking beschreibt die Diskussion mit Forschungsteilnehmenden. Darunter versteht man die Besprechung der Analyseergebnisse mit den Forschungsteilnehmenden. Es werden qualifizierte Rückmeldungen zu den Forschungsresultaten gesammelt. Ein *längerer Aufenthalt im Feld* vermeidet voreilige Diagnosen und Fehlschlüsse bei der Analyse des Materials. Durch *Triangulation* und den Einsatz von *Mixed Methods* entstehen vielfältigere Perspektiven auf den Forschungsgegenstand, wodurch sich die Verallgemeinerbarkeit erhöhen lässt. Mixed Methods beschreibt die Kombination aus verschiedenen Theorien, Methoden, Daten und Forschenden der quantitativen und qualitativen Forschung. Triangulation beschreibt die Einnahme von verschiedenen Blickwinkeln auf die Beantwortung der Forschungsfrage. Nach Denzin (1970) können vier verschiedene Formen der Triangulation unterschieden werden. Die *Data Triangulation* beschreibt das Kombinieren verschiedener Quellen. In *der investigator Triangulation* werden mehrere Interviewer eingesetzt, um subjektive Einflüsse zu vermeiden. Die *Theorien Triangulation* bezeichnet die Annäherung an den Forschungsgegenstand von verschiedenen Hypothesen und Perspektiven. Die *methodologische Triangulation* wird innerhalb und außerhalb einer Methode eingesetzt (Döring & Bortz, 2016, S.111; Steffen & Doppler, 2019, S.26; Flick, 2020, S.189).

In Bezug auf Auswertung der qualitativen Interviewdaten müssen die Resultate des Interviews darüber hinaus verallgemeinert werden können und eine situationsbedingte Gültigkeit besitzen. Um die Übertragbarkeit und Verallgemeinerung müssen die Techniken eingehalten werden, um z.B. die Analyseergebnisse mit den Forschungsteilnehmenden zu besprechen, damit die Ergebnisse nicht falsch verstanden werden. Indem die qualitativen Daten des Interviews in quantitativen Daten überführt werden, lässt sich die Repräsentativität der qualitativen Ergebnisse statistisch absichern.

## Literaturverzeichnis

Döring, N. & Bortz, J. (2016). *Forschungsmethoden und Evaluation in den Sozial- und Humanwissenschaften* (5.Aufl.). Berlin: Springer doi:10.1007/978-3-642-41089-5


Flick, U. (2014). Gütekriterien qualitativer Forschung. In N. Baur & J. Blasius (Hrsg.) *Handbuch Methoden der empirischen Sozialforschung* (S.411-424). Wiesbaden: Springer VS doi:10.1007/978-3-531-18939-0


Flick, U. (2020). Gütekriterien qualitativer Forschung. In G. Mey & K. Mruck (Hrsg.) *Handbuch Qualitative Forschung in der Psychologie* (S.247- 264). Wiesbaden: Springer doi:https://doi.org/10.1007/978-3-658-26887-9


Kuckartz, U. (2018). *Qualitative Inhaltsanalyse. Methoden, Praxis, Computerunterstützung* (4.Aufl.). Weinheim: Beltz Juventa


Mey. G. & Mruck, K. (2020). Qualitative Interviews. In G. Mey & K. Mruck (Hrsg.) *Handbuch Qualitative Forschung in der Psychologie* (S.315-336). Wiesbaden: Springer doi:https://doi.org/10.1007/978-3-658-26887-9


Mayring, P. (2020). Qualitative Inhaltsanalyse. In G. Mey & K. Mruck (Hrsg.) *Handbuch Qualitative Forschung in der Psychologie* (S.495-512). Wiesbaden: Springer doi:https://doi.org/10.1007/978-3-658-26887-9


Ornau, F. (2014). Inhaltsanalyse (1.Aufl.). Studienbrief der SRH Fernhochschule Riedlingen


Porst, R. (2014). Frageformulierung. In N. Baur & J. Blasius (Hrsg.), *Handbuch Methode der empirischen Sozialforschung* (S.687-700). Wiesbaden: Springer VS doi:10.1007/978-3-531-18939-0


Raab, G., Unger, A. & Unger, F. (2018). *Methoden der Marketing-Forschung* (3.Aufl.). Wiesbaden: Springer Gabler doi:https://doi.org/10.1007/978-3-658-14881-2

Reinhardt, R., Ornau, F. & Tennert, F. (2020). *Interviewtechnik* (3.Aufl.). Studienbrief der SRH Fernhochschule Riedlingen

Steffen, A. & Doppler, S. (2020). *Einführung in die Qualitative Marktforschung* (1.Aufl.). Wiesbaden. Springer Gabler doi:https://doi.org/10.1007/978-3-658-25108-6

Walbrühl, U. (2014). *Wirtschaftspsychologie für Dummies* (1.Aufl.). Weinheim: Wiley Vch Verlag

# BEI GRIN MACHT SICH IHR
# WISSEN BEZAHLT

- Wir veröffentlichen Ihre Hausarbeit,
  Bachelor- und Masterarbeit

- Ihr eigenes eBook und Buch -
  weltweit in allen wichtigen Shops

- Verdienen Sie an jedem Verkauf

Jetzt bei www.GRIN.com hochladen
und kostenlos publizieren